아벨 방정식을 푸는 세 가지 방법

아벨 방정식을 푸는 세 가지 방법

1판 1쇄 펴낸날 2025년 11월 20일

지은이 이광성

펴낸곳 시와시학
펴낸이 송영호
대표 김초혜

주소 서울특별시 동대문구 망우로21길 45 2층 202호
전화 02-744-0110(대표)
      010-8683-7799(핸드폰)
전자우편 sihaksa@naver.com(회사)
         sihaksa1991@naver.com(편집부)

출판등록 2016년 1월 18일
등록번호 제2021-000008호

ISBN 979-11-91848-35-9 (03810)
값 12,000원

* 저자와의 협의에 의해 인지를 생략합니다.
* 잘못된 책은 바꾸어 드립니다.

*본 사업은 2025년 부산광역시, 부산문화재단 〈부산문화예술지원사업〉으로 지원을 받았습니다.

이광성 시집
아벨 방정식을 푸는 세 가지 방법

■ 시인의 말

창문 틈 사이로 불어오는 바람이 차다.
심호흡을 한다.

오랫동안 감추어둔 속살을 드러내
한 권의 책으로 엮는다.
언젠가는 보내주어야 할 분신들,
아직은 엉성하고 서툰 시간들,
성숙을 위한 여정이리라.

부끄럽다.
다 익기 전에 열매를 딴 농부의 심정이다.
항상 허겁지겁 기차를 타지만
먼 길 지치지 않고 걸어가겠다.

가고 오는 길, 한 숨결 위를 걷는다.

이광성

차례

005 시인의 말

제1부

013 견犬나라지오
015 밥 한번 먹자
017 조각난 사내
019 산정호수
021 아벨 방정식을 푸는 세 가지 방법
024 여우굴
026 해탈교에서
028 강물에도 뼈가 있을까
029 저녁 예불
030 조각 그림
032 메뚜기 버스
033 귀소본능
034 기타의 비명
035 설산
037 춤추는 억새
039 회동수원지
040 가시나무
041 푸른 밤에

제2부

045 전어속젓
046 지금도 작업 중입니다
048 커피콩
049 낡은 구두
051 바람이 바쁜 이유
053 상처 난 얼음꽃의 적분방정식
055 풀잎 끝에 개미
057 파이π
058 겨울 여행
059 새벽 미역
060 장미 꽃다발
061 난전 시장
063 둥근 네모 그녀
065 추석
066 환절기
067 달빛 사냥
069 아버지의 길
070 이장

제3부

- 075 매일 아침 7시 기차는 떠난다
- 077 항도반점에서
- 079 통일 열차
- 080 말하는 침묵
- 082 더위 먹었다
- 083 멧돼지를 피하다
- 085 거기에 네가 있어
- 087 계산
- 089 태풍
- 090 라면을 먹으면서
- 091 온라인 수업
- 092 우산
- 093 신문지 한 장
- 095 프로 마네킹
- 097 남자가 백 근은 되어야지
- 098 귀는 접히지도 않고
- 100 산만디 커피
- 101 갈대 소리

제4부

- 105 뫼비우스 한판
- 107 여적餘滴
- 109 소금꽃
- 110 이별 한 병
- 112 노점
- 113 땅뫼산
- 114 벽돌깨기
- 116 산 고양이는 알고 있다
- 117 서진書鎭
- 118 아내의 여행
- 120 한밤의 오케스트라
- 121 이별의 정석
- 122 이백오십육 번
- 123 파리봉
- 124 소실점
- 125 쾨히니스베르크의 다리

- 127 해설 | 이재복

제1부

견犬나라지오

육아의 경력 단절은 끝났어요
우리 아이 꼬리는 참 귀엽죠
뱃속 나라 떠난 딩펫족,
방수 팬티 입은 봄이 유모차를 타고
우유병을 빨아요

우리 아이는 전혀 무섭지 않아요
여름이 달려옵니다
여름의 어미와 눈빛이 마주쳐도
나는 이빨을 주머니에 숨깁니다

우리 아이는 배신하지 않아요
인간은 배신하죠
당신도 배신합니까?
꼬리는 살랑살랑 말을 합니다

나무에 입질하는 가을은
온 동네가 움직이는 집입니다
멀리서도 보이는 가을은

엄마를 끌고 다닙니다
우리 아이는 사춘기예요

별이 된 겨울
203호 떠돌던 젖은 속옷
새 꼬리 달고 웃고 있습니다

국민소득 삼만 불의 파업,
아이들은 다 어디로 갔을까?
강아지를 점지한
삼신할미의 실수입니다

밥 한번 먹자

밥은 왜 한 번만 먹을까
이항정리처럼, 두 번의 조합도 있지 않을까

준비 운동도 없이
밥 한번 먹자는 말은
일차방정식만큼이나 단순하고
자동 세차기를 통과하는 것보다 미분값이 낮다
아무 때나 함수처럼 전화를 걸고
배달 식품을 주문한다
밀키트는 상수항처럼 물만 더해지면 된다

세차하는 날은 집합에 속하지 않는다
허공의 벡터를 어깨에 매단 사람들이
뒷마당에서 변수 없는 말을 팽창시키고
거품처럼 무한급수로 커진다

언제 밥 한번 먹자는 말은
세상의 모든 언어에 중립 기어를 넣고
자동 세차기 속으로 들어가는 것이다

호스를 타고 내려오는 하얀 이빨들을
인수분해하듯 다 뽑아야지

미세먼지 막는다고
마스크를 쓰고 담배를 피우며
하는 말, 언제 밥 한번 먹자는 것이다

목이 없는 자동 세차기가 나를 통과한다
발 빠른 알바는 규칙적인 손동작으로
한 번씩 닦고는 신호등의 녹색불처럼 출발 신호
를 준다

그렇게 밥 한번 먹었다

맨발에 구두를 신고
갈아입을 옷을 트렁크라는 집합에 원소로 넣는다
자동 세차하듯
적분의 끝점에서
언제 밥 한번 먹자는 거다

조각난 사내

바람이 분다
심장을 뚫고 바람이 지나간다
죽어서 날아간 그를 만났다

무거운 삶의 고리를 끊고
훨훨 날아간 사내
깨어진 장독 같은 그를 본다

한 그릇의 밥을 위해서 몸의 조각을
하나씩 잘라주고 남은 가장의 자리
소금을 먹고 자란다
심장의 근육이 약해
조난신호조차 보낼 수 없는 그 사내

아버지 같다

세상과 맞짱을 뜬 날은
먼저 울면 지는 거라고
몇 번이나 사표를 쓰고 웃었다

그때마다 앉은 자리는
입을 앙다문 심장을 찌르고
팔다리를 잘랐다

잡히지 않는 줄을 나무라고
닳지 않는 구두 밑창을 끌고 집으로 왔다
잠꼬대하는 아이들을 보면서
나도 한방 있다고
로또를 샀다

토요일을 기다리며,

세상에서 닳은 그 사내
몸통도 버리고 둥지도 버리고
조각 조각 날아간다

산정호수

사라오름의 눈물을 본다
바다로 흘러가야 하는데
산 위에 머물러 있다

울타리를 벗어나려는 남자

멀리서 파도 소리 들리고
밤이 되면 내려간다
바람 타고 담을 넘는다
밤을 낮으로 사는 사람들이 모여있고
겹겹이 쌓여 소환된 어둠이
옷을 벗는 숲으로 간다

늙은 물이 산길을 따라 내려가다가
바람 타고 올라온다
밤새도록 갔다가 다시 돌아온다

산정 놀이에 길들여져
바다로 가는 길을 잊은 것일까

내려갔다 다시 올라오는
나를 닮은 그를 본다

산정호수에 어둠이 스며들고
세상 길을 잊은 사내
바람 타고 올라온다

아벨 방정식을 푸는 세 가지 방법

1.
티베트 사람들은 말한다
숨을 마친 생명은 다시 태어나기 전까지
중간 상태에서 49일을 머물고
바람의 말이 알려주는 데로
먼 길을 떠난단다
풀리지 않는 방정식처럼
영혼은 어디로 가는지 아무도 모른다

2.
아침 출근길,
중앙분리선 너머 고라니 한 마리가
차가운 아스팔트 위에 누워 있다
비린내 나는 비명이
일상의 무심함을 깨운다
굳게 다문 선을 넘지 못한 채
하늘은 묵묵히 그 위를 지나간다

식어버린 어미의 발자국은

마지막 순간까지 숲속 새끼들을 맴돌았으리
한순간, 오색 깃발이
눈부신 빛으로 두 눈을 찌르고
어미는 바람의 말을 타고
숲 너머 어디론가 떠난다

청소차가 와서
고라니의 흔적을 쓸어간다
고라니는 울고
청소차는 웃는다
누군가의 끝, 누군가의 시작
해답 없는 문제처럼
삶과 죽음은 스쳐 지나간다

3.
어젯밤에 아버지 다녀가셨다는
어머니 말씀을 떠올리는 아침,
잘 모셔라, 죽었는데 살아있단다
삶과 죽음의 경계는

아벨 방정식의 해처럼
쉽게 풀리지 않는다

하루하루를
비루하게 꼬리를 흔드는 사람들도
바람의 말을 타고
불가능의 세계를 증명하러 간다
오면서 가는 이 길 위에
한 생명이 날아오른다
그리고 다시,
풀리지 않는 방정식이 남는다

여우굴

모르고 신고 간
구멍 난 양말처럼 감추고 싶다
장맛비는 땅을 파고
살아난 도랑에 찢어진 허물을 버린다
튀어나온 한 덩이 부끄러움은
장물아비처럼 끈적하다
기억의 뱀은 나를 휘감고

광복동 할매 막걸리집에서
녹슨 담벼락을 씹었다
술잔은 바닥에 뒹굴고
우리는 누가 잘하나 암벽타기를 했다

사막여우는 끊임없이 모래를 팠다
서로의 굴이 연결되어 있는 줄도 모르고
밤새도록 파고 무너지고
또 파고 그때는 그랬다

두통이 깨운 다음 날 아침

기웃거리는 도시 하늘이 여우굴을 깨운다
굴절된 시간은 짧은 밤을 밀어내고
일으켜 세운 해가 지하철을 탄다

아무리 뽑아도
비 오고 난 뒤 보이는 버섯처럼
서른 살의 숙취는 아직도
버티고 있다

해탈교에서

강물 아래
흐르는 그림자들이 있다
마중물되어 끊어진 흑백영화를 퍼올린다

다리를 건너는 일은
보이는 세상에서 보이지 않는 세상을
만나는 거지

언젠가 무엇이 그리 급한지
다리를 건너간 친구가 있었지
우리는 산과 바다로 돌아다녔지

긴 머리카락 한번 흔들고
뒷주머니 도끼빗 잘나갔지
소주 마실 때 꺾어 먹는 것이 아니라며
한 번에 털어먹더군
그래서 갈 길도 급했는지

걷는 길을 코딩으로 짜면

일반해가 나올까

팔자걸음 그림자 밀지 말고
오줌통 자주 비우고
숨어있는 얼굴 주름 당기지 말고
다리를 건너가는 거지

강물에도 뼈가 있을까

삼락생태공원 범람원
나무에 걸어 둔 이야기
뒤도 보지 않고 뿔 세워 달린다
해마다 돌아오는 물억새도
쉰 소리로 잡는다
수면을 발길질하는 햇살
나를 닮았다
갈 테면 가라지
삐쭉하게 뼈마디 뚫고 올라온다
물사마귀 미끄러지는 강물 따라
기억이 남긴 흉터를 만져 본다
강가 찢어진 길을 따라
자전거 타고 가는 교회 십자가
관절을 꺾는다
거부할 시간도 없이
되돌이표 찍고 만난 그녀
기분이 좋다
비오는 날 범람원이 자전거를 탄다

저녁 예불

산그늘이 사리탑을 숨기면
어둠이 꽃살문을 밟는다
뿌리 없는 석등이 눈을 뜨고
산문을 넘어온 백팔 화두가
졸고 있다

발원문 간직한
어둠 깃든 법복이 탑돌이를 한다
산까치가 물고 온 향냄새
손바닥에 올려놓고 사바세계
모진 바람 귀를 씻는다

낮 동안 흔들리던 계율들
풍경소리 껴안은
대웅전 섬돌에 밀려온다
비울수록 끓어오르고
다 탈 때까지 다라니경
밤을 새운다

조각 그림

고당봉 가는 길가에
돌탑이 모여 있다
젖은 몸을 벗어 말리고 있는
나에게 말한다
돌 하나 올리고 가

앞집 김 씨 아저씨 아들 취직도 합장하고
옆집 박 씨 아저씨 딸 결혼식도 알리고
산까치가 물고 온 버찌도 자리 잡고
나뭇잎 하나 바람 타고 올라간다

서로 다른 돌들이 등을 내주고
허리가 굽은 아랫돌이 윗돌의 소망을 안고
윗돌은 아랫돌을 끌어당기고
함께 길을 이루어 간다

한 조각씩 맞추어 가다 보면
조금씩 모습을 드러내는 조각 그림처럼
쌓을수록 눈에 보인다

돌탑이 말한다
봄을 기다리지 말고
개울가로 내려가 다윗의 돌 다섯 개를 주워 와

메뚜기 버스

새벽 4시 30분
한여름에 겨울옷을 입은
대리기사 아저씨
달려와 버스를 탄다

졸음이 읽은 따뜻함
시간이 녹는다
앉았던 자리는 잊은 지 오래

메뚜기처럼 뛰어 달린다

귀소본능

멸치볶음을 먹다가
멸치와 눈이 마주쳤다
진한 소금 냄새가 보인다
바다를 거닐다가 그물 따라온 멸치
알몸으로 올라와 바다 소금 말리고
식탁까지 왔으리라
어미는 새끼를 안고
크게 뜬 눈으로 비명을 지른다
멸치는 동그란 눈으로 말한다
고인 눈물로 짭졸한 멸치볶음
내세울 것이라고는
등뼈밖에 없는 멸치
끝까지 꼿꼿하게 굳어갔을 것이다
바다 방향으로 등이 굽은
멸치는 두 눈을 뜨고 잔다

기타의 비명

나무를 씻는다
하늘에서 내려오는 외줄 타고
유리창에 매달린다
바람도 바닥을 훑고
나무들도 허공을 닦는다
어깨를 누르는 빗소리
둥글게 바닥에 흩어진다
비 오는 날 새들은 어디 있을까
중앙동 우체국 은행나무 앞
낡은 기타 소리가 나를 깨우고
얼굴에 새겨진 구겨진 시간들
혈관 따라 흘러간다
늙은 기타리스트의 고개 꺾은 숨결
비를 타고 올라온다
봄비가 내리는 날
새들은 내 심장을 쪼고 있다

설산

바람이 분다
손이 얼어가는 밤
포장마차 불빛을 마시고
추위를 이기고 있다

한잔 또 한잔
얼큰한 술잔도 몸부림치고
창백한 불빛은
비틀거리는 거리를 베고 누웠다

혼자 남은 텅 빈 포장마차에
연탄불도 졸고
마지막 잔을 비우고
취하지 않는 밤을 채우고
나왔다

가자 설산에 가자
비가 와도 눈이 와도 가자
하얗게 썩어버린 이별을

배낭에 담아 다시는 찾지 못할 설산에
묻어버리자

춤추는 억새

시월 바람이 닻을 내리고
소나무를 흔들고 있다
길을 걸어오는 수줍은 노랫소리
어둠이 춤춘다
길 가장자리 모퉁이
상수리나무 옆에 서 있는
잃어버린 몸을 깨운다
은발 기둥은 한참을 서서 내뱉기 싫은
오래된 몸짓들을
안간힘 쓰며 발등에 흘리고 있다
온갖 바람을 속이고 길을 속이고
세상에 속은 은발
갈기 휘날리며
도시의 밤을 바람 타고 달린다
기억 속 낡은 필름이 녹아내린다
정지된 화면은 밤이슬 바람에 부서지고
신작로로 날아간다
공원을 흔드는 가을바람
속 빈 억새를 본다

한 방울씩 흘러내리는 그날
힘없이 내뱉는다

회동수원지

높새바람 능선을 달린다
염소 세 마리 땅뫼산에 걸어두고
졸음에 겨운 염소 등짝을 때린다
발아래 앞산을 삼키고
저 멀리 먼저 간 먹구름
허공에 발 딛고 산 넘지 못한다
많은 눈물을 버리고 떠나는 발걸음
회동수원지에 땅뫼산을 넘는다
바람 채운 멧새들도 구름 타고 날아간다
속을 비운 먹구름은
때로는 강물을 버리고
하늘에서 노는 낮달의 목걸이도 버린다
시계가 열한 시 십 분에 머물고 있다
나는 얼마나 더 많이 버려야
시간을 밀고 날아갈 수 있을까
텅 빈 고요가 소리치는 빈집에서
남아있는 거미줄을 걷고 있다

가시나무

바람 불면
서로 찌르고 아프다
내 안에 가시나무
몸 웅크려 가시를 내뿜는다
먼저 오르고 뒤돌아보는 눈길 없어
옆 가지 찌르고 스스로 찌르는 가시
그냥 돋는 가시는 없다고
소리치고 솟구치는 얼굴을 본다
상처 굳어져 자리 잡은 옹이처럼
내 속에 굳은살
당신을 위한 가시가 되고 싶다
어둠이 햇빛을 밀고 가는 저녁
낡은 가시 삼켜 새살 만들고
닫혀있지만 열려있는 새장이 된다
모든 무게를 털어버린
새들의 발자국이 바람에 분주하다
달빛이 걸터앉아 길을 밝히고
가시나무 품에 새들이 둥지를 튼다

푸른 밤에

보고 또 봐도
보고 싶은 미소
더 이상 잡을 수 없어
떠나보내야 한다

남김없이
버리고 또 버린다
책상 위에서 언제나 웃던 얼굴
차마 보내지 못해
돌아눕는다

함께 보았던 "라 트라비아타"
타락한 여자에게 미소를 허락한 무덤 속 아리아
함께 걸었던 황톳길 편백나무 숲
갈 곳을 잃어버렸다

까맣게 타버린 가슴에
아직 남아있는 불씨는
바닥 잡고 일어선다

버려도 버려도
술래잡기하던 그날은
어떻게 버려야 하나

버리고 또 버리는데
자꾸만 채워진다

제2부

전어속젓

온천시장에서 머위잎을 사 왔다
아내는 멸치젓갈
나는 전어속젓
아내와 물오른 봄을 벗긴다

머위 잎대 껍질 벗기며
손톱에 스며드는 새까만 웃음
어머니가 주신 전어속젓 쌈밥
한입 먹고 쓰다고 투정했던 밥 한 사발

봄옷 벗긴 줄기마다
물 흐르는 소리가 들리고
복사꽃 걸어가는 길가에
다 발라주고 남은 어머니 속젓
손톱을 쌉싸름하게 물들이고 있다

지금도 작업 중입니다

신은 해킹당했다
해킹 보살 마하살, 내가 그러나
아내는 밀교의 진언을 외우듯 말한다

오늘 점심은 뭘 먹지
왜 인간은 끼니마다 먹어야 할까
죽은 소를 구워 먹고
돌아서면 또 먹고 싶은 DNA 본능
분명, 신이 설계할 때
유전자에 오류가 있었을 거야

반복되는 일상에 저항하는
아내의 방언을 듣고
요리 유튜브를 본다
유통기한 지난 레시피만 쌓이고
뭘 먹을지 분주한 하루

국수를 삶는다
죽방렴에 걸려 로드킬당한 남해 멸치

죽어서도 힘을 빼지 않고
뜨거운 물에 육수를 뽑는다
해킹의 흔적을 보여준다

국수를 먹는다
두부 같은 맹꽁이 배
팔다리를 아무리 쓰다듬어도 침만 고인다
알을 낳는 오리너구리처럼
아무래도 신의 설계엔 결함이 있는 것 같다

당신도 해킹당했습니다

커피콩

아내가 가져온
커피콩 세 개
앞 베란다 화분에 심었다

어느 날 싹이 트고
여기가 어디일까

뱃속에서 커피를 딴 손
에디오피아 달빛 사이로
밤새도록
맨발로

빨간 눈물을 따고 있다

낡은 구두

골목길을 크게 열고 오신
아버지 혼자 소주를 마신다
벽이 자식인 양 말한다

사냥한 매가 목에 간직한
먹이를 새끼에게 먹이듯이
세상을 울컥 울컥 토해 낸다

신발장 구석에 있는
아버지를 신고 다니던 낡은 구두를 본다
대학입학 시험에 합격했다고
동네 사람들에게 자랑할 때도
내가 첫 월급 받았을 때도 아버지 구두는
낡은 구두였다

낡은 구두를 몰래 닦았다
햇빛 들어오는 홈집 사이로
세상을 넥타이처럼 목에 맨
아버지가 걸어 나오신다

매일 아침 남성을 잃어버린
길을 바쁘게 걸었을 것이다
걸을수록 제 살을 깎아먹는 구두는
살점 떨어져도 아픈 줄 몰랐을 것이다

아들의 운동화는 매년 사 주었는데
아버지에게는 새 구두를 하나 사드리지
못했다는 것을 알았다
아버지는 보이지 않으시고
구두는 자꾸만 낡아간다

바람이 바쁜 이유

내 죽으면 납골당에 넣지 마라
그냥 불에 그슬러서 찹쌀 쪄서 버물어
까치밥이 되게 해도
나는 훨 훨 날아다닐끼다

화장한 한 줌의 찹쌀밥
햇살 잘 드는 금정산 기슭에 모셨다
까치들이 먹고 간다
살아서 갈 곳 많았던 두구동 미녀
구월 바람이 되었다
새벽부터 밤늦게까지 다니던 그녀
고무신이 차갑다

파전과 막걸리 도토리묵 한 사발
술에 취한 수국 금정산 남문을 흔든다
이번 주말 찾아뵙겠다는
아들을 기다리지 않고
용선을 타고 가신 어머니

허공에 굽은 등뼈를 세우고
금정산에서 달려오는 구월 바람
둘째네도 궁금하고
셋째네도 갔다 왔다
살아서 바쁜 사람
바람이 되어서도 바쁘다

상처 난 얼음꽃의 적분방정식

둘째 아들이 집을 나가겠다는
변수를 선언한다
함께 먹던 식탁의 함수는
순간적으로 극한값 주위를 진동하고
아내와 나는 역함수의 발자국을 추적한다
마침 우크라이나와 러시아의
충돌 방정식이 뉴스에 등장한다

겨울 나라의 미분 가능한
연속함수 램프를 기다리며
우리는 서로의 방정식에
초깃값을 대입해본다

던져진 폭탁의 절댓값을 계산하고
안방이라는 소볼레프 공간*으로 들어간 아내
굳게 닫힌 방문도
입이라는 도함수가 있어 다행이라 생각했다

모든 조건해를 구할 수 있는 그녀와 나

온몸을 묶고 있는 아들의 문고리는
끝내 일반해를 찾지 못했다

상처 난 두 개의 얼음꽃은
서로를 세게 밀면
S극과 N극처럼 붙는다고 하지만
우리는 고장 난 알고리즘처럼
밤새도록 원점에서
헛돌고 있다

* 해석학에서 충분히 매끄럽고, 무한대에서 충분히 빨리 0으로 수렴하는 함수들로 구성된 함수 공간.

풀잎 끝에 개미

팔월 햇볕은 칼날이다
가부좌 틀고 앉은 석불사 사리탑
내려치는 땡볕에 왼쪽 귀가 찢어졌다

풍탁치는 바람에
놀란 까치가 화두 물고 탑을 돈다
여여하라는 죽비소리는
숨어있는 내 등짝을 때린다

새벽부터 밤늦게까지
진신사리 누운 사리탑에
박 보살 탑돌이를 한다

학생운동으로 도망 다니던 첫째 아들
수배 이후로 볼 수 없었다
자글자글 애끓는 소리는
박 보살이 매일 외우는 진언

매일 새벽 풀잎 끝에 매달려

새의 먹이가 되려는 병든 개미처럼
박 보살 꼭대기로 올라간다

다라니 쏟아져 나오는 앞마당
옹이로 박힌 아들 얼굴이
밤새도록 탑돌이를 한다
귀를 잃어버린 석불도 함께 땀 흘린다

파이 π

3시 14분 15초 9265358
땅을 판다
주인이 잡아당겨도
파이 π 는
멈추지 않는다

발바닥이 다 까지고
콧등이 헐어도
멈출 줄을 모르고

파이 π 는
새끼를 부른다

겨울 여행

새벽이 안내 방송을 한다
김포공항 가는 비행기 연착이란다
길 잃은 대합실이
유리창에 비친 등 굽은 가로등을 본다
외줄 타는 신호등이 기침할 때
모인 사람들이 길을 건너간다

괌 해변의 바나나보트
쫑알대던 오사카성의 인형
생수를 지고 오르던 백록담
어둠이 뒷걸음 걷는 네모난 화면에
뛰어다니는 발자국이 보인다

스마트폰 갤러리를 손가락으로 밀며
시간을 마신다
겨울은 제 갈 길을 가고
하늘길 배웅하는 가로등이 속삭인다
기억상실증 걸린 비행기
또 연착이라고

새벽 미역

강아지 발자국 뛰어노는 눈밭
까치둥지는 잠이 덜 깬 새끼를 품고 있다
매일 새벽 낡은 관절을 이끌고
100번 버스가 간다
버스 야간 등이 꺼지고
아침 햇살에 퍼지는 주름살
송정 바다 어판장으로 간다
껴입은 속옷들 사이로
겨울 바다가 뼈마디를 파고든다
청사포구에 널려 있는 미역들
자루에 담긴 하루치
밥 같은 미역이
부전시장으로 간다
시장 모퉁이에서 추위를 견딘 항아리
비울수록 가득 찬다

장미 꽃다발

운동장 군데군데
분주히 오고 가는 꽃다발
주인을 잃은 한 송이
이른 새벽부터 물건을 사러 간 엄마
갈까 말까 망설이다가 졸업식에 갔다
교장 선생님 말씀이 끝나고
평생 나눠야 할 이야기를 찍고 있는 사람들

운동장에 홀로 삐져나온 돌멩이
나를 닮았다

지금쯤 엄마는 왔겠지
저 멀리 사촌 누나의 모습이 보인다
손에 든 장미 꽃다발
가슴에 핀 장미를 안고
엄마를 찍었다

난전 시장

암캐 한 마리
새끼를 낳았는지
억척 어멈같이 먹이를 물고 간다

지붕이 없는 거리의 개
낡은 관절을 축 늘어뜨리고
새끼를 위해 밥을 나른다

홀로 바쁘다

엄마 따라간
송곳 바람 부는 난전 시장
사람들 오고 가는 길가에
두 뺨이 얼어도
거리의 고구마 같은 아들을 위해
두 팔 벌려 난로가 되었다

그때처럼 시장통 약장사의 노래가
들리고 구석구석 찾아다녀도

어머니 보이지 않으신다

재개발되어 사라진 장터에서
고층 아파트 사이로 젖내음 향기 뿜으며
목련꽃이 걸어 나온다

둥근 네모 그녀

무거운 짐은 남자가 져야 한다고
시장 갈 땐 꼭 같이 가잔다
나는 끌려가는 강아지처럼 버둥버둥 따라간다

맛있는 음식을 먹을 때는
작은 체구에 남자보다 더 많이 먹는다
그래도 살이 찌지 않는 것을 보면
부처님의 가피를 받은 체질이다

잘못은 그녀가 했는데
이야기하다가 끝에 가서는 내가 잘못했다
참 희한한 재주다

여자 나이는 국가기밀이라 묻는 것이 아니라면서
왜 남자 나이는 알고 싶은지
그것이 알고 싶다

남자가 보는 것은 늑대가 보는 것이고
여자가 보는 것은 모성애란다

여기에 토를 달면 온 우주가 시끄럽다

불리할 때는 여자
홍두깨 방망이 같은 그 이름
매사에 날로 먹는다

남자는 늑대
여자는 늑대 사냥꾼

아 하나님은 왜 이브를 만드셨는지
그것이 알고 싶다

추석

꿀벌이 꿀을 따듯
재래시장을 몇 번 다녀왔다
전 부치고 예쁘게 튀김옷 입히며
어머니맞이 준비를 하였다
초를 켜고 향을 사른다
홀연히 구름처럼 현신하신 어머니
고운 미소가 보인다
일 배, 이 배, 삼 배……
그간의 얘기도 말씀드린다
눈을 뜨고 보니
고운 미소로 앉아계신 어머니의 모습이 보인다
지난날
내 철없던 날들
짜증과 투정에도 미소로 받아 주시던 당신
깨달음은 언제나 뒤에 오는가
긴 세월 지나고서야
그 웃음의 의미를 깨닫는다
마지막 올리는 술잔에
눈물이 떨어진다

환절기

아침은 서늘하고
점심은 따뜻하고
저녁은 춥다

묻지 마라
그냥 조심해야 한다
아내의 얼굴 같다

달빛 사냥

늑대 어미는
새끼를 키울 때
한 번씩 져 준다고 한다

싸움에서 이긴 맛을 알아버린 새끼
언덕 위로 올라간 어미 늑대 하울링이
달빛 사이를 스며든다

먹이 잡는 일은
한 번에 공격으로 상대 숨통을 끊는 것
아버지는 알고 계셨다

겁 많은 아들에게
사냥을 가르치고
다툼에서 짐짓 져 준 아버지
송곳니를 드러내고 웃는다

허방에 빠져 밀려난 벼랑 끝에서
끝없는 추락으로 단련된 울음을

아들에 전하려는 몸짓이었다

언덕에 올라가 포효하는
늑대 울음소리 들리는 밤이다

언덕 위에서 아버지가 오신다
아들을 위한 책 한 권이 온다

마지막 울음소리가
달빛을 붙들고 있다

아버지의 길

옆길은 보이지 않고
익숙한 길 본능이 집으로 왔다
꾹 꾹 다져온
숨어 있는 말이 경계선을 뚫고 나온다
한 사람이 두 사람 되고
갇힌 벽이 눈에 들어오다가
밖으로 나간다
아버지가 꿀물을 타서
세상에서 삭은 속 불을 달래 준다
다 듣고 있다 거르지 못한 나의 날 선 투정을
아버지도 남자였다
가족의 지붕을 위해서는 끝없이 질긴 남자였다
가고 싶은 길을 버리기도 하고
텅 빈 식당에서 목에 걸린 밥알을 삼키며
자식들을 생각했는지 모른다
이제는 알 것 같은 거북껍질에 숨은 미소
가슴에 새긴다
등에 업혀 징검다리 건너던 그 길
이제 아버지를 업고
나도 걸어간다

이장

체머리 앓는 목수국
잡초 껴안은 묘석 아래
검은 물에 떠 있다

지관이 말한다
"아버지 바닷속에 계신다"

지도에 직교좌표를 긋고
이사 갈 명당을 찍는다

그동안 잘 지냈다고
밀린 숙박비 일시불로 내고
오호오오 호오야
젖은 옷 곱게 말린
아버지 산을 넘는다

늙은 소나무 집터를 헐어
봉분에 뗏장 기와 올리고
전입신고 비석에 새겼다

편히 쉬시라고
동서남북 한 잔씩 올리고
기차를 탔다

누구는 명당이라는데

명당에 살아온
삼백 살 소나무 알몸으로 쫓겨났다
손 없는 날
하늘이 흐리다

제3부

매일 아침 7시 기차는 떠난다

슬프다고
입 내밀고 통통 불은 복어처럼
쏘다니지 마라

함께 여행한 공소시효는 짧다

헤어질 때 아픈 것은
눈물을 흘리지 않았기 때문이다
안에서 생긴 상처를 핥지 마라

껍질이 굳어가는 것은
아직 그 사람을 보내주지 못한
내 욕심이다

사랑이란
지구상의 공룡을 찾는 것이 아니고
억만년 뒤 화석으로 남는 거다

우리는 이별의 가면을 쓰고

노래를 불렀다

매일 아침 7시 기차는 떠난다

항도반점에서

부산에 온 목마 친구 백곰
항도반점에서 깐풍육을 먹는다
천국은 교회 밖에 있지

친구와 고량주의 전생을 홀짝이면서
길가에 던져진 박스를 본다
아직 끝내지 못한 호흡
뼈마디가 시리다

손수레에 실려 가는 박스
나랑 다른 게 뭐야
길가에 걸터앉은 박스처럼
눈길 받지 못한 깐풍육
젓가락을 기다린다

회전 식탁은 몇 번 돌고
이번 윤회는 끝났다는
고량주의 비명을 잔에 담아
그의 전생을 마셨다

창밖에는 함께 여행할
종이 박스가 기다리고
술잔을 잡은 맥박도 희미해진다
수수밭 뛰어놀던 백곰
백곰 마시는 백주
다음 발자국은 어디에 찍을까

죽어가는 박스 위로 보이는
붉은 교회 십자가

통일 열차

당신과 나의 통일은
우리의 통일과 다르다
통일은 응급실의 맥박 소리
희미하게 약해지는 악다구니

채워도 배고픈 에셔*의 상대성
낮과 밤이 바뀌고
통일나무 겨드랑이에 꽃이 피고
먹어도 먹어도 게워내는
우리들의 통일 다툼

탱자나무로 둘러싸인 통일 마당에
복면 가왕 칼날 위에서 노래 부른다

포탄 같은 아침은 휴전선을 정조준하고
뼈 발리며 헛기침하는 통일 열차는
히죽히죽 돌고 돈다

* 네덜란드 출신의 판화가.

말하는 침묵
– 그레고리 펠레만*에게 보내는 편지

그리샤,
수식으로 존재하는 당신을
증명하는 길에서 처음 만났습니다

서로 알지 못하지만
침묵으로 답하는 당신을 읽습니다

누구도 풀지 못한 비밀을 알기 위해
연구실 한 모퉁이에서 보낸 7년
'푸앵카레의 추측'에 한 줄기 문을 열고
어둠 속으로 걸어가 버린 당신을
따라가기에는 내겐 너무도 먼 길입니다

인정받기 위해 걸어가는 길 위에서
인정받지 않기 위해 당신은 세상을 버렸습니다
말하는 침묵이 문을 닫고
어둠 속으로 멀어지는 발소리가 들립니다

당신이 남긴 발자국은

우주 비밀을 푸는 열쇠가 되었지만
당신은 혼자 어둠을 걸어갑니다

그리샤,
당신이 닫아버린 문이 다시 열리기를 바라면서
달빛 밑단에 기대어 편지를 씁니다

깊은 밤,
당신이 떠난 길 위에서 한 수학자가

* 세계 7대 수학 난제 중 하나인 〈푸앵카레의 추측〉을 증명하고 필즈상을 거부한 은둔의 러시아 천재 수학자.

더위 먹었다

모양을 보고 맛을 먼저 느끼는 아픔을
참지 못하고
소리를 듣고 모양을 먼저 아는 슬픔을
참지 못하고

나도 알고 그도 아는 말을
한 바가지 쏟고
집으로 오는 길 발걸음이 무겁다

어떤 사람은 알면서 하고
어떤 사람은 모르면서 하고
어떤 사람은 자기만 안다고 하고
어떤 사람은 보란 듯이 한다

같은 것을 보면서 다른 이름을
불러도 가던 길 계속 가야 하는데
외마디 외침
속을 끓어 올리는 자동차 되어
스스로 퍼졌다

멧돼지를 피하다

금정산을 오른다
세상에 방전된 하루를 충전하는 산
도시에서 잃어버린 길을 찾는다

철쭉도 졸고 있는 숲속
페미니즘의 흔적이 보인다
땅에 떨어진 매니큐어가 무기가 될 때
남자는 에코백이 된다

진동하는 땅
몸보다 먼저 다가오는 눈
멧돼지 타고 달려오는 여성상위시대
산길이 비좁다

삼십육계가 최고의 공격

멧돼지 눈빛을 피해
구겨진 에코백 머리를 돌린다
혼자 오는 여자는 무섭다

이젠 수놈은 산길에서도 도태되고 있다
길 건너 광명사에서 들리는 저녁 타종
서른세 번 확인해 준다

거기에 네가 있어

잠들지 못한 밤이
화석처럼 뿌리를 내린다
땅속에 꼬리를 박고
깊숙이 자리 잡는다

잡아당겨도
돌아오지 않는 달은
텅 빈 가슴을 채우지도 않고
밀린 월세도 내지 않는다

해마다 4월이면 철쭉 따라
가고 싶다는 아버지

한번 그은 선은
피부에 파고드는 문신처럼
달아나지 않고
등뼈를 곧추세운다

통일 마당에 달라붙은

철책선은 암고양이처럼 앙탈이다
보리저녁부터 시작된
하악질은 밤을 새운다

계산

몇 년 만인가
그놈의 역병 땜에 보지 못한 시간들
저마다 살아남은 상처 보인다
이마 위 주름살에 새긴 이야기들이
뻔하디 뻔한 시간을 내보인다

이번 생에 휴전선을 걸어서
백두산을 가겠다는
친구는 이민 가서 아직 오지 않았다

연탄불 위 된장찌개도 야위어가고
우리는 잃어버린 남성을 자랑한다

삶이라는 야바위꾼에 속은 우리는
친구 놈의 삶을 살아보고
적은 연금에 살림살이 걱정하고
나라 걱정으로 목청 높이고
세금 이야기로 가속 페달 밟는다

소주병에 아직은 팔팔한 지갑을 담고
빈 잔에 매달 나오는 연금을 담아
한 번에 마시는 시합을 한다

양은 냄비 위 산낙지도 몸말을 하고
몇 개 남은 이로 밤새도록 세상을 씹는다

태풍

소리가 크다고 나쁜 놈은 아닌데
내가 온다는 말만 들어도
사람들은 무서워한다

팔 크게 휘젓고 발길질해도
속마음은 깊은 산속에서 기도하는
고승보다 더 고요하다

본심을 몰라주는 세상에
분풀이도 하고 싶지만
순하고 따뜻한 곳에서 태어나
모질지는 못하다

나는 외롭다

라면을 먹으면서

왜 사람들은
갑자기 물이 끓는다고 생각할까

물이 끓기 위해서는
얼마나 많은 시간을
혼자서 담금질했는지 모른다

작은 기포가 쌓여 큰 기포가 되고
가장자리부터 시작하여
드디어 가운데가 끓기 시작한다
물이 끓는다

사람도 그렇다

무수히 많은 작은 상처에 데이고
스스로 딱지를 만들어
누르고 누르다가 폭발한다
갑자기 터지는 사람은 없다

온라인 수업

홀로 모니터와 싸우고 있다
귀에는 투구 같은 리시버 꽂고
모니터를 향해 두 눈 부릅뜨고
머릿속에 쌓아둔 알곡 솎아낸다
폭염 경보로 모니터도 헐떡거리며
잡을 수 없는 그림자 앞에서
땀방울 뚝뚝 떨구고
모니터 안은 다른 세상
만질 수 있지만 느낌은 없어
방 안의 모기가 알아들었다는 듯이
한방 침을 주고 멀리서 웃고 있다
내 몸이 간지러우면 모니터 안의 마음을
시원하게 하리라 용을 써도 더 가렵다
모니터 안의 내가 모니터 밖의 나를
이겨보려고 발버둥 쳐 본다

우산

검은 방패를 감싸안고
갑옷을 입고 전쟁터로 향하는
장군처럼 집을 나선다
바람에 맞추고 방향을 바꾸며
물화살을 막는다

비가 그쳤다
집을 나올 때 당당한 우산은
없으면 아쉽고 있으면
귀찮은 애인이 되었다

세상에서 가장 아까운 것이
있어도 그만 없어도 그만인
갑자기 비가 와서 우산을 사는 것이다

꼭 안고 슈퍼에 갔는데
덤으로
애인 하나를 더 끼워 준다

신문지 한 장

문 닫는 소리로 나갔다가
젖은 몸을 이끌고 들어온다
몇 시인지 모르겠다

아침인지 저녁인지
얼음이 된 시월 밤이
살을 때린다

천장 한쪽 구석에 앉은 불빛이
혓바닥을 날름거린다

가슴속으로 파고드는
견고한 바닥을 밀어본다
낮에 면회 온
한 장 신문지 속으로 들어가는 몸

신문지가 담요가 되는 밤은
신문지 한 장 때문에 싸운다

아침에 일어나면 다시 접어 감추는
지하도 노숙자의 신문지 한 장

신문지 한 장 두께를 알까

프로 마네킹

사람들과 마주칠 때
변하지 않는 표정으로 각을 잡는다
먼저 눈을 깔면 지는 거라고

유리창 밖은 한여름이지만
나는 오래전에 가을이었다
먼저 온 계절이 옷을 입고
거리의 사람들과 맞짱을 뜬다

개성이라는 이름으로 찢어진 옷들이
사람들을 걸치고 돌아다닌다
아무리 예쁜 옷을 입어도
밖을 나갈 수 없고
내가 좋아하는 옷은
한 계절 앞서 창고로 간다

허락도 없이 입고 있던 가발이 벗겨지고
알몸이 되는 순간 부끄럽다
당당하게 두 눈을 치켜뜨고

우아하게 팔을 벌리고
눈빛 마주치는 사람들에게
선방을 날린다

남자가 백 근은 되어야지

남들은 다이어트를 좋아해도
나는 뚱뚱한 것이 좋아요
날씬한 것이 좋다고 유혹을 해도
소리 질러
속이 꽉 차고 비집고 나오는 것이 좋아요
할머니는 그랬다
남자가 진중하게 백 근은 되어야지
세일 기간 때 산 가죽 지갑
색 바래고 실밥 터져도 뚱뚱하게
배 나오면 당당하다
이마의 그늘도 소리 없이 옅어지고
깊이 파인 주름도 환하게 밝아진다
바가지 구멍 낸 마누라도 웃는다

귀는 접히지도 않고

바닥지붕이 흔들린다
바닥이 천장이 되는 마을에서
거실은 더 큰 소리로 운다
굴러간 바위가 되돌아오는 시간을
그물로 잡는다

밑에서는 지진이 난 줄 모르고
윗집은 항해를 계속한다
벽을 부순 발망치는 눈앞까지 온다

아내가 위층으로 올라가고
천장을 공유하는 윗집 여자
자기 바닥이란다

바다 안개처럼 스며드는 층간소음
귓속에 내린 뿌리가
밤마다 자란다

경계선을 마주하고 서 있는

천장과 바닥은 서로의 속살을 보이며
눈을 감았다

천장과 천장 사이 나의 비명은
바닥과 바닥 사이 소음으로 흩어진다

산만디 커피

산만디 따라 먼저
올라온 커피가 웃습니다
커피잔에 담긴 그대 모습
흔들거리며 떠나가는
시간을 담아
당신을 생각합니다
거리에는 익숙한 이야기가
바람에 뒹굴고
흘러간 7080 노래에
커피 향기만 담아 왔습니다
집으로 오는 길
땅뫼산 편백나무숲 까치가
그 시절 노래를 부릅니다
부디 행복하소서

갈대 소리

고요 품은 아틀란티스
을숙도에서 걷어낸 풍경들
오징어 헤엄치는 파전을 먹는 막걸리
뛰어오르는 동맥 하늘을 향해
통기타를 던진다

칼군무를 추는 강촌
철새가 다가와 그날을 말한다

한 뼘 남은 저녁노을은
그녀 뺨을 더욱 붉게 물들이고
나는 마지막 남은 한 조각
해를 삼켰다

어둠이 밀어내는 길을 따라 집으로 왔다
마주친 눈웃음을 책상 위에 가져온 나는
그녀에게 어떤 남자일까

갈대 소리
가슴에 파고든다

제4부

뫼비우스 한판

용두산 공원에서 먹이를 노리는
불심 검문을 만났다
뱀의 눈을 가진 눈 속의 뱀이
같이 가자고 한다
공원길의 장기판은 바쁘게 움직이고

공짜로 타는 버스는
익숙하게 제 집으로 들어갔다
우리는 세 명씩 다섯 명씩 분리되고
날름거리는 혓바닥을 본다
칭칭 감아온다 하얗게 변한 허벅지
집이 어딘지 나이는 몇인지
혓바닥이 묻고 스스로 받아 적는다

공포가 차가운 어둠을
거칠게 말아 오는 긴 밤
기억 없는 기억을 꼭 알아야겠다고
더듬이를 씩씩거리며 새벽이
내 등을 올라탄다

그는 한 끼의 밥을 위해서
나는 벗어나기 위해서
서로 안간힘을 쓴다

얼어붙은 책상 위에 바람이 줄을 당긴다
밤새도록 팽팽하다
깊은 밤 하얀 나방이 몸을 던진다
악착같이 붙었다가 떨어진다

지금은 견디는 시간이다

여적餘滴

손바닥은 날마다 자란다
끊어졌다 이어지며
엉킨 실타래 같은 말을 이어서
숱한 길들이 아우성친다

돋보기로 없는 길을 찾아
샛길로 사라진 골목들을 꺼내어
멀어져 간 말들을 당겨 본다

희미한 실핏줄 같은 길에서 만나
깊은 주름으로 패인 사람들
큰길에서 만나
작은 파도를 넘지 못하고
섬이 된 사람들
만남이 깊어가는 밤에 새겨본다

가까이에서 보면 알 수 없는 강줄기라도
멀리서 보면 가야 할 바다가 보인다
만남으로 가장된

걸어온 발자국이 손바닥에 숨어 있다

누군가를 만나고
또 누군가를 보내면서
손은 길을 만들고
그 길을 따라 손이 간다

소금꽃

다리 위를 제멋대로
내리는 곡선이다
나무에게로 오다가
강물로 간다

나무와 강물을 연결하는
나루터를 지나는 고압선이다
내 안에 가득 찬 고요는
첫눈을 맞고 버틴다

빈 나뭇가지에 앉은 하얀 얼굴
강물로 가는 연습을 한다

가득하고 텅 빈 첫눈은
눈물로 만든 소금꽃이다

이별 한 병

벽이 휘청거린다
바람 부는 늦은 밤

깊은 눈을 가진
추운 남자가
포장마차에 들어온다

맞은편에
한잔을 두고
한잔은 꼭꼭 씹어 먹는다

이별 한 병
다 떠날 때까지
아껴 마신다

잔도 없는 연탄불
소리 없이 길을 떠났다

그래, 잘 가거라

벽이 취하는 밤
그녀를 보낸다

노점

얼어붙은 땅바닥
꼼짝하지 않는 겨울 속에서
겹겹이 껴입은 누비옷

이마에 둘러싼 담요
사람보다 더 두텁게 껴입은
콩나물 항아리

손님이 올 때마다
벌겋게 언 손으로
내일 가져갈 얼음 등록금을 뽑고
손이 베이고 뼈를 파고드는 바람에도
흔들림 없이 그 자리 그대로 계신다

길거리에 불어오는 송곳 바람에
뺨이 벌겋게 물들어가는 어머니
눈을 감아도 보이는 겨울바람
온천시장에 가면
얼어가는 어머니가 보인다

땅뫼산

노래가 그림이 된다
땅뫼산 소주에 얼굴 붉히고
산 그늘과 어깨를 견준다
황톳길 비틀거리고
멀리서 오는 차에게 고함친다
수원지 짙은 표정
열두 마디를 내고 호흡을 넣는다
돈 벌어 오겠다고 담을 넘은
옆집 형의 배고픈 지갑도 넣고
부산에 온 광주댁의 치마도 넣는다
노래를 팔아 집을 사겠다고
벼르다가 너무 올라 따귀 맞은
여자의 거친 눈도 넣는다
깊은 어둠으로 살아나 돌아눕는 회동수원지
답답한 오리도 냄비에서 끓고 있다
소주병에 남아있는
휘파람을 꺼내 잔마다 채운다
그림이 선명할수록 마디마디 꺾어 부른
노래가 윤슬로 흩어진다
속을 게워낸 그림을 밤새도록 그렸다

벽돌깨기

책들이 쏟아졌다
집이 튕겨져 나온다
도둑고양이 같은 손놀림으로
한 권을 선택했다

첫 장부터 자세가 안 나온다
뒤집힌 거북이처럼 버둥거리고 있는데
옆집의 대목수가
터 잡기를 다시 하라고 한다

과녁 겨누기 합평이 끝나면
고향집 지하에서 활 맞은 상처를 어루만지고
가재걸음으로 돌아가 땀 폭폭 흘리며
다음 날 갖다 버릴 집을 짓는다

땀방울이 모이면 집이 된다
땀 냄새 시큼한 집에 사람들이 모인다
구구한 말로 집을 지으려 했던 나는,
잠자는 꽹과리였다

오죽채로 온몸을 때려 집을 만들고
남몰래 당겨 쓴 가불을
하루하루 갚아 간다

벽돌을 쌓아 집을 만든다
땀이 만든다, 시집을

산 고양이는 알고 있다

저녁을 먹고 금강공원을 걷는다
가로등에 피가 돌고
야간 순찰을 한다

바위 위 고양이들
어둠을 끌어모은다

중성화 수술과 맞바꾼
한 끼의 저녁밥
이빨을 뽑는다

발톱을 자르고
자신의 발톱도 깎아 버린 인간들
조여오는 구속이
내뱉는 비명을 듣는다

산 고양이는 알고 있다
당신의 역류성 식도염은 롱런할 겁니다

서진書鎭

책을 읽는데
버둥거리는 책장이 함께 놀자고
자꾸만 덮는다
코뚜레를 꿰지 않은 어린 망아지 같다

아버지께서 붓글씨를 쓰실 때
산만한 화선지를 지그시 누르던
표정이 생각났다

아버지께 인사드리고
어미 고양이에게 먹이 잡는 법을 배우듯이
서진을 머리 위에 올려두니 가만히 있다
아버지 돌아가신 지 십 년이 지났는데
아직도 늙은 아들 가르치신다

아내의 여행

아내는 하늘을 날고 싶다고
이집트에 열기구를 타러 갔다
전생에 읽은 경전이 두꺼워
방학 때마다 성지순례 떠나는 아내
다음 생은 남자로 태어나고 싶단다

아내는 걱정이 되는지
저녁 잘 챙겨 먹으란다

퇴근 후 도시 불빛에 쫓긴
피곤한 하루가 낯설다
거실 유리창에 거꾸로 매달린 동료의
익지 않은 말들이 히죽거린다

냄비에 청양고추를 넣고
풀리지 않는 동료와의 어둠을 끓이고
나를 나무라면서
땀을 흘리고 된장처럼 그를 풀었다

매운맛을 보면서
가족의 밑단을 수선하는
기둥에 매인 수컷도
때로는 울타리를 박차고 날아가고 싶다

식사를 마친 고양이 그루밍을 하고
나는 비어 있는 밥그릇을 핥는다

한밤의 오케스트라

무대에 올라온
흙 묻은 감자가 노래하고
양파가 외투를 벗는다
잠에서 덜 깬 버섯이 눈 비비며
호박 두부 청양고추 모여 합창을 한다
어두운 동굴에서 나온
묵은 김장김치 빨갛게 피어나고
아버지 술상이 차려진다
아무리 늦은 밤이라도
배고픈 사람 있다면
한밤의 오케스트라 연주를 시작한다
날마다 삶을 이어가며
밥을 짓는 엄마의 연주는
혼자 온몸을 태워 집을 밝힌다

이별의 정석

그랜드 캐니언에 간단다
혼자라도 가겠다고 해서
잘 가라고 체한 소리 뱉어낸다
막힌 바람은 쓸모가 없다
서로 만나는 평행선도 있다고
비명을 지르던 뼈마디
생살을 파고 나온다
낮과 밤을 말아 먹는
혼자 남은 골방에서
화석이 된 심장 소리
언제 다시 달릴까
실핏줄 부서진 눈물 따라
뺨에 새긴 계곡 문신
비 온 뒤 물안개처럼
얼굴에 스며든다
졸업사진 속
비 맞은 내 모습 보인다

이백오십육 번

아픔은 다른 모양으로 다가오지만
오는 사람은 다 같은 색이다
병원 안에는
많은 숫자들이 돌아다닌다
함부로 다루었던 그대
귀한 줄 알고
이름 부를 때까지 기다린다
모니터가 숫자를 부르고
아픈 숫자가 체온을 재고
혈압을 재고 진찰실로 걸어간다
잘못했다고 주사 한 대 맞고
걸어가는 배달용품
거울 속에서
아픈 숫자가 처방전을 받는다
병원을 나온 이백오십육 번 걸어간다

파리봉

바람을 붙잡고
악착같이 버티고 있는
파리봉 바위 끝 소나무
어디에서 왔을까

바람을 본다
하늘을 본다
앉은 자리를 보지 않는다

닦여진 길로만 가려는
사람들에게 길을 만들라는 파리봉

몇백 년을 지나도 코끼리가
물을 마시는 파리봉에서
알 수 없는 세상사 읽어 본다

달려온 이야기
파리봉에 묶어 놓고
도시로 내려왔다

소실점

산길을 걷는다
들고양이 졸다가 달아나고
배고픈 까마귀 소리 더 크게 들린다
낯선 풍경이 어리둥절한 표정이다

바위틈에 숨어있던 철쭉이
늘 알고 있는 길로만 가려는 나에게
걱정하지 말란다

잘못 들어간 길에서 만난
산새의 노래가 더 좋을 수도 있다
잘못 갔다고 생각한 길에서
새로운 꽃향기를 맡기도 한다

때로는 사잇길이
더 빠른 길이 되고
옆길이 앞길이 되기도 한다

쾨히니스베르크의 다리*

오후 3시 30분 프레겔강 다리를
시계가 걷고 있다
일곱 개 다리와 두 개의 섬과 싸우는 남자
오래 내려온 마을 비밀을 풀기 위해서
그가 선택한 길
매일 일정한 시간에 걷는다

만찬을 준비한다
발끝에서 돋아나는 싹을 다리에 심고
섬으로 걸어간다
매일 같은 시간 같은 길을 걸으면서
다리에 잠긴 그 남자
그저 웃는다

정년퇴직 후 농부가 되었다
땅이 묻는다 왜 그 길을 가느냐고
어떻게 하나
나는 씨앗을 키워 집을 짓고
글 바다에 빠져 우유니 소금사막도 가는데

베란다 라벤더가 보라색 꽃을 피운다
겨울 향기를 붙잡고
저 너머 쾨히니스베르크 다리를 본다
매일 같은 시간 같은 길을 걷는 남자

해 저무는 바닷가
준비된 만찬은 끝났다

* 쾨니히스베르크의 다리 문제는 1735년 레온하르트 오일러가 불가능함을 증명한 "주어진 다리를 한 번씩만 건너서 처음 시작한 위치로 돌아오는 길이 있는가"라는 유명한 수학 문제.

■ 해설

풍진 세상 속 눈물로 빚은 소금꽃

이재복(문학평론가, 한양대 교수)

1. 풍경과 주름

한 편의 시에서 우리가 만나게 되는 것은 무엇일까? 이 물음에 대한 답은 시를 꼼꼼하게 읽어낸 사람에게는 그렇게 어려운 것은 아니다. 어떤 시든 정도의 차이는 있지만 우리가 시 속에서 만나게 되는 것은 시인이 그려내는 혹은 빚어내는 풍경이다. 그 풍경은 시인의 지각을 통한 외면 풍경일 수도 있고 또 시인의 의식을 통한 내면 풍경일 수도 있다. 한 편의 시는 시인의 이러한 외면과 내면 풍경이 빚어내는 상상력의 충돌 내지 조합이라고 할 수 있다. 두 풍경이 적절하게 조화를 이룬 시는 그 자체로 하나의 긴장tension을 유발한다. 긴장이 깃든 풍경은 시를 단선적이고 평면적인 차원을 넘어 복합적이고 입체적인 차원으로 읽히게 하는 힘을 지닌다.

이광성의 『아벨 방정식을 푸는 세 가지 방법』에는 이러한 풍경이 다채롭게 펼쳐져 있다. 이 시집 속 시인이 그려내는 풍경은 주로 삶에 초점이 맞춰져 있다. 시인이 그려내는 삶의 풍경은 기억을 통한 과거와 현재 그리고 미래에 걸쳐 있다. 시간의 흐름 내에 있는 삶은 고정되어 있는 것이 아니라 끊임없이 변화한다. 삶의 변화는 곧 시인의 정서 혹은 감정의 변화로 드러난다. 이런 점에서 삶은 기쁨, 노여움, 슬픔, 즐거움, 두려움 같은 정서의 산물로 드러난다고 할 수 있다. 인간의 기억은 세세한 사건의 정황으로 드러난다기보다는 하나의 정서로 환기된다. 가령

낡은 구두를 몰래 닦았다

햇빛 들어오는 흠집 사이로

세상을 넥타이처럼 목에 맨

아버지가 걸어 나오신다

매일 아침 남성을 잃어버린

길을 바쁘게 걸었을 것이다

걸을수록 제 살을 깎아먹는 구두는

살점 떨어져도 아픈 줄 몰랐을 것이다

- 「낡은 구두」 부분

에서처럼 "아버지"와 "낡은 구두"에 대한 기억은 애잔한 슬픔의 정서로 되살아난다. 시적 화자에게 "아버지"의 "낡은 구두"는 슬픔의 정서로 되살아난 하나의 풍경이 되는 것이다. 만일 "아버지"의 "낡은 구두"가 슬픔의 정서로 되살아나지 않는다면 그것은 어떤 존재성도 드러내지 못한 채 단지 형식적으로 표기된 무미건조한 기호에 불과할 뿐이다. "낡은 구두"에 슬픔의 정서가 깃듦으로써 그 "구두"는 특별한 구두가 되는 것이다.

  삶의 풍경이 "낡은 구두"라는 구체적인 물질을 통해 드러나기도 하지만 또 그것은 "바람"과 추상적인 사물을 통해 드러나기도 한다.

파전과 막걸리 도토리묵 한 사발
술에 취한 수국 금정산 남문을 흔든다
이번 주말 찾아뵙겠다는
아들을 기다리지 않고
용선을 타고 가신 어머니

> 허공에 굽은 등뼈를 세우고
>
> 금정산에서 달려오는 구월 바람
>
> 둘째네도 궁금하고
>
> 셋째네도 갔다 왔다
>
> 살아서 바쁜 사람
>
> 바람이 되어서도 바쁘다

- 「바람이 바쁜 이유」 부분

시적 풍경의 대상이 "어머니"이며, 이 "어머니"는 "용선을 타고 가신 어머니"이다. 저세상으로 가신 어머니를 불러내기 위해 시인은 "바람"을 활용한다. "바람"은 눈에 보이지 않는다는 점에서 죽음 혹은 죽음의 세계와 닮은 데가 있다. 저세상 사람이 된 "어머니"는 육체가 없는 혼을 지닌 존재이며, 이로 인해 "바람"처럼 자유롭게 이승과 저승, 이쪽과 저쪽의 경계를 넘나든다. "바람"처럼 자유롭기 때문에 "어머니"는 "둘째네"와 "셋째네"를 "갔다 왔다"할 수 있는 것이다.

"바람"과 "어머니"의 만남, 다시 말하면 "어머니"의 "바람"으로의 치환은 풍경의 지평을 넓혀준다. 풍경의 지평을 눈에 보이는 차원에서 눈에 보이지 않는 차원으로 확장하고 있는 것이 바로 그것이다. 눈에 보이지 않는 차원은 시에 틈을 제공한다. 이 틈은 눈에 보이는 차원만으로는 드러나지 않는다. 눈에 보이는 차원과 보이지 않는 차원이 함께 존재할 때 틈이 발생한다. 틈은 시인의 상상력의 열림을 의미한다. 시인이 마음껏 상상력을 발휘할 수 있는 것은 바로 이 틈 때문이다. 이 틈으로 인해 탄생한 아름다운 시가 「기타의 비명」이다.

> 비 오는 날 새들은 어디 있을까
> 중앙동 우체국 은행나무 앞
> 낡은 기타 소리가 나를 깨우고
> 얼굴에 새겨진 구겨진 시간들
> 혈관 따라 흘러간다
> 늙은 기타리스트의 고개 꺾은 숨결
> 비를 타고 올라온다
> 봄비가 내리는 날
> 새들은 내 심장을 쪼고 있다
>
> - 「기타의 비명」 부분

시 속의 "새들"은 눈에 보이기도 하고 또 보이지 않

기도 하는 존재이다. 시인이 주목한 것은 "새들"이 보이지 않는 경우이다. 시인은 "비 오는 날 새들은 어디 있을까"라고 묻는다. 이 물음은 틈과 관련하여 의미심장한 데가 있다. "새들"은 늘 눈에 보이는 존재로 알고 있었는데 "비오는 날" 그들은 보이지 않는다는 것을 알게 된 것이다. 이 자각은 '눈에 보이지 않는 새들'의 세계로 들어서는 틈의 발견인 동시에 그만큼의 상상력의 지평 확장을 의미한다. 시인에게 있어 비오는 날의 풍경은 단순한 풍경이 아니라 "봄비가 내리는 날/새들은 내 심장을 쪼고 있다"에서 알 수 있듯이 그것은 강한 정서의 울림을 환기하는 풍경이 된다. "새들"의 발견으로 인해 풍경은 더 두터워지게 된 것이다.

풍경의 두터움 그것은 곧 정서의 두터움인 동시에 시의 두터움이라고 할 수 있다. 그런데 이 두터움을 더 두텁게 하는 것은 그 풍경이 내면을 지향할 때이다. 시인이 몸으로 지각한 풍경이 의식 차원에서 내면화될 때 풍경은 또 다른 풍경을 낳는다. 그것은

> 바람 불면
>
> 서로 찌르고 아프다
>
> 내 안에 가시나무

몸 웅크려 가시를 내뿜는다

먼저 오르고 뒤돌아보는 눈길 없어

옆 가지 찌르고 스스로 찌르는 가시

그냥 돋는 가시는 없다고

소리치고 솟구치는 얼굴을 본다

상처 굳어져 자리 잡은 옹이처럼

내 속에 굳은살

- 「가시나무」 부분

에서처럼 풍경은 "내 안" 혹은 "내 속에 굳은살"로 자리 잡을 때 더 견고해지고 두터워진다. "내 안에"서 일어나는 갈등, 대립, 충돌 등을 통해 만들어지는 "옹이" 혹은 "굳은살"이야말로 진정한 나의 모습(풍경)이라고 할 수 있다. 시 속의 "나"는 주름진 존재이다. 이 주름이 "나"의 존재성의 깊이와 두터움을 결정한다. 나무의 나이테(주름)가 그냥 만들어지는 것이 아니라 천지와의 수많은 교감을 통해 만들어지듯이 "나" 다시 말하면 시인의 존재 역시 수많은 다른 존재들과의 관계 속에서 만들어지는 것이다. 시인이 그려내는 삶의 풍경 속 주름을 우리가 주목해야 하는 이유가 바로 여기에 있다.

2. 탑과 사랑

　시인이 그려내는 삶의 풍경은 다양한 의미를 내재하고 있다. 시인이 그려내는 풍경이 하나의 미학으로 존재하기 위해서는 여기에 시인의 독특한 의식이 투영되어 있어야 한다. 이광성의 『아벨 방정식을 푸는 세 가지 방법』에서 발견할 수 있는 것은 삶에 대한 강렬한 의지이다. 삶에 대한 의지가 없을 때 그 삶은 허무로 흐르기 쉽다. 허무는 삶의 한 풍경이기는 하지만 그것이 삶의 중심에 있으면 다양한 생명들이 빚어내는, 그 생성 과정에서의 아름다운 풍경이 묻히거나 사라질 위험성이 있다. 삶에 대한 의지의 문제는 인간이란 무엇인가 혹은 인간다움이란 무엇인가 하는 문제와 연결되어 있다. 인간이 인간답다는 것은 자신의 존엄함을 지키고 자신이 지니고 있는 생명 의지를 실현하는 것이라고 할 수 있다.
　이런 점에서 시 속에 드러나는 생명 의지는 주목할 필요가 있다. 시인의 삶에 대한 의지는 우리가 살고 있는 이 세계에 대한 긍정과 구도자적인 정진의 과정을 통해 확인할 수 있다. 특히 시인의 삶에 대한 구도자적인 정진 태도는 '지금, 여기' 우리가 살고 있는 세계의 "어둠" 내지 "흔들림"과 깊은 관계가 있다. 세계의 "어둠"이 깊어질수록 또 세계의 "흔들림"이 강할수록 구도자적인 정진 태도는 그만큼 커질 수밖에 없다. 「저녁 예불」에서 시인은

> 발원문 간직한
> 어둠 깃든 법복이 탑돌이를 한다
> 산까치가 물고 온 향냄새
> 손바닥에 올려놓고 사바세계
> 모진 바람 귀를 씻는다
>
> 낮 동안 흔들리던 계율들
> 풍경소리 껴안은
> 대웅전 섬돌에 밀려온다
> 비울수록 끓어오르고
> 다 탈 때까지 다라니경
> 밤을 새운다
>
> — 「저녁 예불」 부분

라고 노래하고 있다. 시적 화자의 "탑돌이"와 밤새워 "다라니경"을 외우는 행위는 의지의 한 극한을 보여준다. 시 속의 "탑"은 구도자적인 정진 과정을 표상한

다. "탑"에서의 층은 그 과정의 결정체이다. 점점 더 높은 층으로의 이동은 시적 화자의 의지의 점층적인 강화로 볼 수 있다.

시인이 보여주는 이러한 구도자적인 정진 과정은 일종의 '삭힘'에 다름 아니다. 삶의 과정에서 겪는 신산고초辛酸苦楚의 고통을 잘 삭혀 보다 높은 경지로 나아가는 것이 예술이라는 점을 상기한다면 시인이 보여주는 구도자적인 정진 과정은 의미가 있다. 시인 역시 이것을 잘 알고 있다. 그래서 시인은 "하얗게 썩어버린 이별"(「설산」)이라고 말한다. 썩지 않는 "이별"은 "이별"이 아닌 것이다. 어떤 것이 삭혀지거나 썩혀질 때 시인의 의식은 더 단단해진다. 따라서 시인에게 이 삭힘과 썩힘의 시간은 "담금질"의 시간이 된다.

> 물이 끓기 위해서는
> 얼마나 많은 시간을
> 혼자서 담금질했는지 모른다
>
> 작은 기포가 쌓여 큰 기포가 되고
> 가장자리부터 시작하여
> 드디어 가운데가 끓기 시작한다
> 물이 끓는다

사람도 그렇다

- 「라면을 먹으면서」 부분

  시인은 "라면"을 끓일 때도 "담금질"의 시간이 필요하듯이 "사람" 역시 그렇다고 말한다. 이것은 사람이란 무엇인가 혹은 사람다움이란 무엇인가에 대한 시인의 답변이라고 할 수 있다. 인간은 연약한 존재이다. 연약하기 때문에 삶의 과정에서 무수히 많은 상처를 입는다. 하지만 인간은 그 상처를 외면하거나 섣불리 봉합하지 않고 그것을 상처로서 만나거나 덧나게 하여 온전한 회복을 시도한다. 이 상처가 아물면 그것은 흔적을 남긴다. 이 흔적이 바로 주름이다.

  그동안 인간이 오랜 삭힘 혹은 담금질의 시간을 거쳐서 만들어낸 최고의 결정체는 무엇일까? 시인은 그것을 "사랑"으로 보고 있다.

사랑이란

지구상의 공룡을 찾는 것이 아니고

억만년 뒤 화석으로 남는 거다

- 「매일 아침 7시 기차는 떠난다」 부분

시인에게 "사랑"은 시간의 의미를 지닌다. 시인이 본 진정한 "사랑"은 "억만년 뒤 화석으로 남는 것"을 말한다. 단순한 시간의 흐름이 낳은 산물이 아니라 인간의 오랜 담금질의 시간을 거쳐 탄생한 것이 바로 "사랑"이다. 이런 점에서 "사랑"은 인간의 구도자적인 정진 과정을 통해 쌓아 올린 "탑"과 다르지 않다.

어쩌면 '지금, 여기'에서의 우리의 삶이란 "지구상의" 살아 있는 "공룡을 찾는 것"에 다름 아닐 지도 모른다. 어떻게 "억만년 뒤 화석으로 남는 것"까지 생각하면서 살 수 있겠는가. 시인 역시 이것을 모를 리가 없다. 하지만 시인은 "억만년 뒤 화석으로 남는 것"을 삶의 지고한 가치로 여긴다. 시인의 이러한 지향은 시인의 의지의 발로라고 할 수 있다. 우리가 의지 없이 삶을 산다는 것은 우리가 하려는 어떤 것도 진정성을 획득하기가 어렵다는 것을 의미한다. 진정성이 없는 삶이란 내가 주체가 되어 사는 삶이 아닌 것이다. 내가 주체적으로 산다는 것은 나의 의지대로 산다는 것을 말한다. 이렇게 주체적으로 살 때 내가 하는 "사랑"도 또 "이별"도 진정성을 지니게 되며, 시인은 그렇게 쌓아 올린 "사랑" 혹은 "이별"의 "탑"을 희구한다. 시인의 희구는 혼란스럽고 속된 세상 속에서도 삶의 방향성을 잃지 않으려는 강한 의지의 표현으로 볼 수 있다.

3. 길과 뿌리

『아벨 방정식을 푸는 세 가지 방법』에서 시인이 그려내는 삶의 풍경은 다양하다. 시인은 어둡고 풍진 세상 속에서 방향성을 잃지 않고 구도자적인 진정성을 보여주고 있다. 이러한 시인의 모습은 많은 것들을 생각하게 한다. 무엇보다도 삶에 대한 구도자적인 자세가 그렇다. 하지만 시인의 구도자적인 길은 독단적이고 폐쇄적인 길이 아니다. 그의 시 속에 드러난 길은 다양한 곳으로 통하는 열린 길이다.

살면서 우리는 수많은 새로운 길을 만난다. 그때마다 우리는 불안해하고 또 당황스러워한다. 시인 역시 그런 불안을 드러내지만 그것은 오래 가지 않는다. 이내 시인은 길에 대한 유연한 태도를 드러낸다. 시인은 길은 하나가 아니고 여럿이며, 길 아닌 길이 없다는 자각을 하게 된다. 길 아닌 길이 없다면 시인이 가는 모든 길은 그 나름의 의미를 지닌다. 시인은 "잘못 들어간 길"에서도 좋은 만남이 이루어질 수 있다고 말한다.

산길을 걷는다
들고양이 졸다가 달아나고
배고픈 까마귀 소리 더 크게 들린다
낯선 풍경이 어리둥절한 표정이다

바위틈에 숨어있던 철쭉이
늘 알고 있는 길로만 가려는 나에게
걱정하지 말란다

잘못 들어간 길에서 만난
산새의 노래가 더 좋을 수도 있다
잘못 갔다고 생각한 길에서
새로운 꽃향기를 맡기도 한다

때로는 사잇길이
더 빠른 길이 되고
옆길이 앞길이 되기도 한다

- 「소실점」 전문

  시인이 가는 길은 순리를 역행해서 가는 그런 길은 아니다. 시인이 가는 길은 "빈 나뭇가지에 앉은 하얀" 눈이 "강물"(「소금꽃」)로 가듯이 그렇게 자연스럽게 순리대로 가는 그런 길이다. 시인이 가는 길은 삶의 길이기 때문에 고요하고 평탄한 길일 수 없다. 그 길은 그야말로 신산고초辛酸苦楚의 길일 수밖에 없다. 길 굽이굽이마다 눈물이 고여 있는, 그의 식으로 말하면 그것은 "눈물로 만든 소금꽃"인 것이다. 소금은 짜고 어둡지만 꽃은 부드럽고 환하다는 점에서 둘은 서로 대비된다. 어둠과 밝음이 서로 갈마드는 세계가 바로 길의 세계이다. 늘 어둠만 있는 것도 또 늘 밝음만 있는 것도 아닌, 두 세계가 서로 넘나들면서 이루어진 세계가 길의 세계인 것이다.

그러나 우리의 삶이 길 위에서만 이루어지는 것은 아니다. 여기에는 반드시 집이 있어야 한다. 길이 떠남, 움직임을 표상한다면 집은 정주, 휴식을 표상한다. 우리의 인생을 하나의 길로 비유하지만 여기에는 반드시 집이 내재해 있다. 이 모순됨이 우리의 삶인 것이다. 따라서 온전한 삶의 길은 늘 떠남과 움직임만 있어서는 안 되고 여기에는 정주, 휴식 같은 뿌리내림이 있어야 한다. 우리가 길을 잘 가기 위해서는 삶 속에서의 든든한 뿌리내림이 있어야 한다. 길과 뿌리의 모순 형용을 잘 드러내고 있는 시가 「파리봉」과 「남자가 백 근은 되어야지」이다. 「파리봉」에서 시인은

> 닦여진 길로만 가려는
> 사람들에게 길을 만들라는 파리봉
>
> 몇백 년을 지나도 코끼리가
> 물을 마시는 파리봉에서
> 알 수 없는 세상사 읽어 본다
>
> －「파리봉」 부분

고 말한다. "길"과 "파리봉"의 대비를 통해 삶을 노래하고 있고, 「남자가 백 근은 되어야지」에서는

> 남들은 다이어트를 좋아해도
> 나는 뚱뚱한 것이 좋아요
> 날씬한 것이 좋다고 유혹을 해도
> 소리 질러
> 속이 꽉 차고 비집고 나오는 것이 좋아요
> 할머니는 그랬다
> 남자가 진중하게 백 근은 되어야지
> (중략)
> 이마의 그늘도 소리 없이 열어지고
> 깊이 파인 주름도 환하게 밝아진다

-「남자가 백 근은 되어야지」 부분

라고 말하고 있다. 여기에서는 "주름"과 "뚱뚱함", "백 근"이 대비를 이루면서 삶의 의미를 드러내고 있다. 주름으로 표상되는 삶의 시간 내에 둔중하게 뿌리를 내리고 있는 "진중"한 몸은 시인이 그려내고 있는 삶의 풍경이다.

  시인이 그려내는 이러한 풍경은 삶의 이면을 진지하게 들여다보지 않으면 탄생할 수 없다. 삶은 고정되어 있지 않고 끊임없이 변화하기 때문에 그 흐름 전체를 종합하고 통찰하는 감각이 필요하다. 삶의 단면(순간)과 전체를 동시에 볼 수 있는 눈이 요구된다고 할 수 있다. 어쩌면 시인에게 삶은

    어젯밤에 아버지 다녀가셨다는
    어머니 말씀을 떠올리는 아침,
    잘 모셔라, 죽었는데 살아있단다
    삶과 죽음의 경계는
    아벨 방정식의 해처럼
    쉽게 풀리지 않는다

    하루하루를

비루하게 꼬리를 흔드는 사람들도

바람의 말을 타고

불가능의 세계를 증명하러 간다

오면서 가는 이 길 위에

한 생명이 날아오른다

그리고 다시,

풀리지 않는 방정식이 남는다

- 「아벨 방정식을 푸는 세 가지 방법」 부분

에서처럼 그것은 "풀리지 않는 방정식"인지도 모른다. 그 "풀리지 않는 방정식" 속에 깊이 있는 삶의 풍경이 은폐되어 있는 것이다. 삶의 신산고초를 잘 삭히고 풀어내야 좋은 소리를 얻듯이 시인이 좋은 시를 얻기 위해서는 삶을 잘 삭히고 풀어내는 지난한 과정이 있어야 한다. 이 지난한 과정을 거쳐야 풍진 세상 속 눈물로 빚은 소금꽃과 같은 시가 탄생하는 것 아닌가.